新渡戸稲造の霊言

日本人よ、世界の架け橋となれ!

People of Japan, Be the Bridge across the World!

大川隆法

Ryuho Okawa

HSU

まえがき

新渡戸稲造は、教育者であり、国際人であり、実務家でもあったが、「警世家《けいせいか》」と言うのが一番ピッタリかもしれない。

「預言者《よげんしゃ》」というには、ややリアリストでもあり、オプティミストであったかもしれない。宗教家というほどには思想は深くないが、「武士道」という一種の日本的精神論、道徳論を世界に広めた点では、近代日本に生まれた孔子的色彩を持った人物であったかもしれない。

若い時分から「我、太平洋の橋たらん。」との大志を抱いているところは、若き日の日蓮が、「我、日本一の智者たらん。」「我、日本の眼目《まなこ》たらん。」「我、日本の大船《たいせん》たらん。」と誓願していたのにも似て、大志を抱いて人生を生き切る男のロマンを感じる。

とまれ、日本がもう一度開国し、未来志向の国になるためには、多くの若者にこの新渡戸の言葉を学んでほしいと思う。

二〇一四年　十月二十六日

幸福《こうふく》の科学《かがく》グループ創始者兼総裁《そうししゃけんそうさい》

幸福《こうふく》の科学大学創立者《かがくだいがくそうりつしゃ》　大川隆法《おおかわりゅうほう》

日本人よ、世界の架け橋となれ！　目次

日本人よ、世界の架《か》け橋となれ！

――新渡戸稲造《にとべいなぞう》の霊言――

二〇一四年七月十六日　収録
東京都・幸福の科学総合本部にて

「霊言現象《れいげん》」とは、あの世の霊存在の言葉を語り下ろす現象のことをいう。これは高度な悟《さと》りを開いた者に特有のものであり、「霊媒現象《れいばい》」（トランス状態になって意識を失い、霊が一方的にしゃべる現象）とは異なる。

なお、「霊言」は、あくまでも霊人の意見であり、幸福の科学グループとしての見解と矛盾《むじゅん》する内容を含《ふく》む場合がある点、付記しておきたい。

日本人よ、世界の架《か》け橋となれ！

――新渡戸稲造《にとべいなぞう》の霊言――

二〇一四年七月十六日　収録

東京都・幸福の科学総合本部にて

新渡戸稲造《にとべいなぞう》（一八六二～一九三三）

教育家、農政学者。札幌《さっぽろ》農学校在学中にキリスト教の洗礼を受ける。卒業後、「われ太平洋の橋とならん」という志《こころざし》を立て、東京帝国大学に進学し、さらにアメリカとドイツへ留学。帰国後、第一高等学校校長、東京帝国大学教授、東京女子大学学長等を歴任し、人格教育を重視した教育を行う。一九一九年には国際連盟事務局次長に就任し、連盟の発展に寄与。また、日本人の道徳観を世界に紹介すべく英文で書かれた『武士道』は、世界的ベストセラーになった。

質問者　※質問順

綾織次郎《あやおりじろう》（幸福の科学上級理事 兼「ザ・リバティ」編集長）

市川和博《いちかわかずひろ》（幸福の科学専務理事 兼 国際本部長）

九鬼一《くきはじめ》（学校法人幸福の科学学園副理事長〔大学設置構想担当〕・幸福の科学大学総長予定）

［役職は収録時点のもの］

1　日本を代表する国際人・新渡戸稲造

「新渡戸稲造の霊言を出してほしい」という要望に応《こた》える

大川隆法　先日の御生誕祭《ごせいたんさい》（七月八日）が終わったあと、参加者のアンケートを見たところ、「今後期待する本」ということで、「新渡戸稲造の霊言を出してほしい」と書いてあるものがありました。

私のほうは、「あれ？　新渡戸さんは出ていなかったかな。もう出たのではないか」と思って、調べたところ、「やはり、出ていない」とのことです。忘れていたというか、意外なところで落としていたようです。そこで、やる必要があるかなと思っています。

昔は有名だったのですが、戦後忘れられていき、私の大《たい》悟《ご》の頃に、五千円札の肖像になって復活し、もう一回、有名になりました。しかし、また、そろそろ忘れられてき始めているようです。

「明治以降の日本人のなかから国際人を挙《あ》げるとするならば、五本の指のなかに入る一人であろう」と言われている人です。しかも、才能がかなりあったのでしょう。いろいろな活動を多彩にしたために、はっきりと、「こういう人だ」と定義しにくい面もあり、かえって印象が薄れた面もあるかと思います。

例えば、夏目漱石《なつめそうせき》であれば、「小説家」「大衆作家」ということで、アイデンティファイ（特定）できます。あるいは、札幌《さっぽろ》農学校で同級生だった内村鑑三《うちむらかんぞう》のほうは、新渡戸さんと同じキリスト教徒ですが、著述《ちょじゅつ》業をかなりしっかりとやった

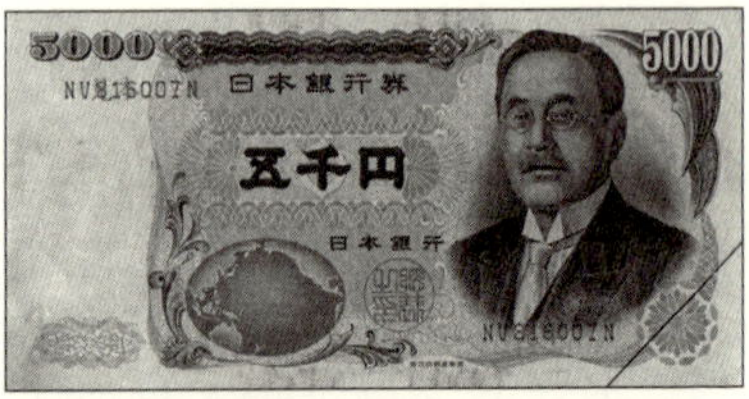

五千円札（D号券）。1984年〜2007年にかけて発行された。

ので、「思想家」として記憶されています。一方、新渡戸さんは、本も書きましたが、「実務家」としても、そうとう活躍されたので、若干《じゃっかん》、分かりにくいところはあります。

「教育」「台湾の植民地政策」「国際連盟」等における多彩な活躍

大川隆法　札幌農学校というのは、今の北海道大学のことですが、当時は、クラーク博士《はかせ》の感化力に吸い寄せられるように英才たちが札幌に向かっていたときで、新渡戸さんもそこへ行き、農学などを勉強しています。そのあと、東京帝国大学文学部に入り直すのですが、満足できず、アメリカに渡ってアレゲニー大学とジョンズ・ホプキンス大学で勉強し、さらにドイツにも留学しています。

札幌農学校（1880年頃）

留学については、アメリカ時代のほうが重要かと思います。この時代に、彼は、キリスト教の影響を深く受けて、クエーカー教徒になっています。

クエーカーというのは、日本人はあまりよくは知らないはずですが、キリスト教の一派で、「沈黙と祈りのなかに、ちょっとした神秘《しんぴ》体験を得るような宗派」と考えてよいと思います。祈っているうちに、体が震《ふる》え出したりするのです。いわゆる霊動《れいどう》現象のようなことが起きてくるのです。それ以上はいかないことが多いのですが、神秘体験の一端《いったん》を感じるわけです。

このクエーカーの考えには、キリスト教の思想と東洋的な思想とを何となく合わせたような部分があって、東洋的な平等思想を持っている部分もあります。そこが合ったらしく、彼はそれでクエーカー教徒になります。

ウィリアム・スミス・クラーク（1826～1886）アメリカの教育者。札幌農学校の初代教頭。

また、クエーカー教徒のアメリカ人女性と知り合って、結婚もしています。そのことが、国際人としての活躍に大きく影響しているだろうと思います。

その後、当時、日本が植民地統治をしていた台湾に呼ばれ、実務家として辣腕《らつわん》を振るったり、京都帝国大学の教授になったり、第一高等学校（現在の東京大学教養学部）の校長になったり、東京帝国大学の教授になったり、いろいろなことをしています。さらには、国際連盟に事務局次長として呼ばれています。

最後は、戦争を何とか回避しようとして、説得のために、カナダに出張して国際会議に出て、向こうで客死《きゃくし》するというかたちになった方です。

アメリカの大統領にも影響を与えた著書『武士道』

大川隆法　彼は、実務家でもありますが、思想家でもあります。

ただ、思想家ではありますが、忙しかったために、思想としては大成《たいせい》しませんでした。書いたものとしては、どちらかというと、道を説《と》くというか、人生論が比較的多いと思います。

どの程度の人であるかは分かりませんが、そういう意味では、カール・ヒルティなど、実務をやりながら思想を書いたような人に近いのかもしれません。

思想としては、昔の明治時代に書かれたものは、すでに言葉が古くなってしまっているため、現代人には読めなくなっています。新しく「現代語訳」という翻《ほん》訳《やく》が成り立っていて、今も、彼の著書を抄訳《しょうやく》したような本が出ていて、少し読まれていますが、内容が若干色あせてきた面もあって、もうひとつ、大きな感動は呼ばないような印象を受けています。

いちばん有名な本は『BUSHIDO―The Soul of Japan』（『武士道』）ですが、これ

カール・ヒルティ（1833～1909）スイスの法学者、哲学者、政治家。主著に『幸福論』がある。

は彼が数え年で三十八歳のときの作品です。

この本は、外国にいたとき、「日本には宗教教育があるのか」と訊《き》かれ、「いや、宗教教育らしきものはない」と答えたところ、「宗教を教えないのに、どうやって善悪を教えるのか」というようなことを言われ、考えた結果、「ああ、日本には武士道がある。日本人は、これを一つの判断基準として生きてきたのかな」ということを思いついて、英文で書き下ろしたものです。

当時、世界的にベストセラーになって、アメリカの大統領にも影響を及ぼしました。この本は、日清戦争と日露戦争の間《あいだ》に書かれています。日露戦争は、アメリカの仲裁によって日本の判定勝ちになりましたが、それには、アメリカの大統領が、『武士道』を読んでいて、日本のシンパになっていたことも大きかったと

『BUSHIDO―The Soul of Japan』1900年、アメリカにて発刊。

思います。

ところが、日本は、その後、新渡戸が事務局次長を務めた国際連盟を脱退するようになっていきました。彼は、若い頃から、「われ太平洋の橋とならん」という志《こころざし》を持っていました。これは、東京帝国大学の面接試験で語った言葉らしいのですが、「架け橋になろうと、最後まで、その努力を続けたけれども、なり切れなかった」というところがあったかと思います。

実際に成果をあげた人が書いた人生論は、役に立つことが多い

大川隆法　彼はクリスチャンではありますが、本質的には「教育家」でもあるし、「実際家」でもありました。大成するところまではいかずに亡くなりましたが、その志は遺《のこ》っています。こうしたところには、何となく、孔子《こうし》のような感じの人を想像させる面もあります。

もちろん、『論語』のような、張り詰めた言葉が得意だったわけではなく、彼の言葉には、もう少し散漫な印象があります。ただ、当時、道を説いたというか、人生論的な、通俗《つうぞく》哲学に近いものを広めたという意味では、大事な位置づけにあるのではないかという感じがします。

孔子（前552〜同479）
儒教の開祖。

『武士道』以外にも、警世《けいせい》の書として『自警《じけい》』という本を書いています。自警とは、自分で自分に警告するということです。

あるいは、『世渡《よわた》りの道』など、通俗哲学にけっこう近い本も出ています。私もよく説いていますが、アメリカには、通俗哲学的なもので、かなり光っているものが多く、大勢の人の心の頼りになっているところがあります。しかし、日本人には、通俗哲学を説く人をあまり尊敬しないところがあって、堂々たる、いわゆる体系的な哲学者のほうを尊敬する気《け》があったと思います。

ただ、実務家として実際に世の中を生きてきた人が書いたものは、実に、バランスが取れていて、役に立つことをよく言っています。

思想のなかだけで、思想を拡大させ、書いている人の場合、ときに、思想にとらわれすぎて、現実から見たら間違ってしまっていることもあります。場合によっては、妄想《もうそう》まで膨《ふく》らんでしまい、非現実の世界に入ってしまうこともあります。

例えば、フランスの哲学者に、オーギュスト・コントという人がいます。この人は、社会学者でもあり、社会の発展段階として「三段階の法則」を説いています。そして、最後は、宗教の世界に入っていって、新宗教家のようになったのですが、自己崩壊を起こしたように見える面があるの

オーギュスト・コント（1798〜1857）フランスの社会学者、哲学者。著書に『実証哲学講義』などがある。

です。おそらく、一人で考え詰める性格だったのでしょう。考えすぎて、勉強しすぎて、実際的な部分で、地に足がつかなくなった面があったのではないでしょうか。

この点、カール・ヒルティや新渡戸稲造は、実際に仕事をやり、成果をあげていった人たちです。こうした方の言葉には、人間を間違わせないようにしようとするバランス感覚が、よく働いていると思います。

また、カール・マルクスのように、「この世では成功しなかった人の哲学が広がる」というようなものでもなかったと考えます。

カール・マルクス（1818～1883）ドイツ出身の経済学者、哲学者。主著に『資本論』がある。

武士道が廃《すた》れて、「善悪の判断」ができない現代の日本人

大川隆法　教育者、あるいは、道徳家、道を説く人としてのイメージが強いと思いますが、彼は、明治時代、「宗教教育がないのに、どうやって善悪を教えるのか」と訊かれ、答えとして「武士道」を持ち出して、本を書いたわけです。

現代にも同じような問題はあり、「日本人は、何をもって善悪を判断するのか」ということに関して、答えが得られないでいます。「武士道はすでに廃《すた》れており、結局、判断できない」ということが、政治のほうの、いろいろな迷いや混乱につながっているように思うのです。

それから、神なきマスコミの判断によって、世論《せろん》がいろいろと引っ張られている感じは強いと思います。

私は霊言集を数多く出していますが、なかなか思うようにはいっていません。霊

界の存在証明をしようと考えているのですが、数多く出ているがゆえに、「ゴーストライターが創作して書いているのではないか」と思っているようなマスコミ人等も多いようです。

面白いのですが、週刊誌等が幸福の科学にいろいろと突っ込んでくるとき、「これ（守護霊霊言）は、本人に取材の許可を取ったのか」などと言ってくるそうです。地上の本人ではなく、その人の守護霊と話をしているのですが、どうも、守護霊というのが分からないらしいのです。

週刊誌等にしてみれば、「自分たちは、相手に申し込んで取材しなければ書けないのに、なぜ取材なしで書けるのか。おかしい」という感じでしょうか。少しやっかみも入っていると思いますが、最近は、現代人の守護霊霊言等を警戒する向きがやや出てきていると思います。私の本が多すぎるがゆえに、商売上の危機のようなものも少し感じているのかもしれません。

ということで、ある程度、古さがあって、定評のある方の霊言を出してみるのもよいでしょう。また、「そういう方が、現代なら、どういうことを言うか」を聴いてみることは、（その人の思想に）新しい命を与える意味でも大事かと思います。「明治時代の意見ではなく、今なら、どのようにお考えになりますか」ということです。

新渡戸稲造に関しては、「教育論」もあれば、「信仰論」もあれば、あるいは、「国際政治や外交の考え」もあるでしょうし、また、「英語等の勉強の仕方」など、いろいろな論点がありうるのではないかと思います。

現代に、何らかの光を投げかけることができる立場にいるかどうかを知りたいと考えています。

なぜ、いろいろな霊言を出しているのか

大川隆法　私がいろいろな霊言を出す理由は、私の考えだけで統一してもよいのですけれども、「人類の遺産としていろいろな考え方があるので、それを紹介しておいたほうが、知の宝庫として豊かになる」からです。そう考えて出しているし、また、「当会は、民主的な考え方を支持している宗教である」ということも、その理由の一つかと思います。

全体主義的に洗脳し尽くすのであれば、別に、ほかの人の霊言を出す必要は決してないのであって、神様は一人にしてしまえば済むことです。けれども、私は、「こんな考えもある」ということで、私の教えと矛盾《むじゅん》するものも紹介したりしています。矛盾するものでも天上界には同時に存在するし、当然、天上界と地獄界とでは違うものがあります。そういうことは、実際に見せないと分からないとこ

ろがあるので、いろいろな霊言を出しているわけです。

それについて善意に理解してくれる人が多く出ることを望んでいますが、なかなか、善意ばかりには感じない人もいるかと思います。

もし、「創作、フィクションでつくっているのではないか」、あるいは、「ゴーストライターが書いているのではないか」と思っているような読者等がいるのでしたら、私は、そういう人たちに、「一時間半や二時間で、新渡戸稲造の霊言を書けるものなら、どうか書いてみてください」と申し上げたいと思います。

「書けるものなら、どうぞ、お書きください。そして、連綿《れんめん》と何百人も出せるなら、どうぞ、やってみてください」と申し上げたいと思いますが、実際、できるものではないと思います。

新渡戸稲造を招霊し、現代的課題について訊《き》く

大川隆法　前置きが少し長くなりましたが、できるだけ、いろいろなかたちでのアドバイスを頂ければ、幸いかと思います。

では、参ります。

（合掌《がっしょう》し、瞑目《めいもく》する）

教育家、農学者、あるいは一高《いちこう》の校長、あるいは国際連盟事務局次長として、ご活躍され、有名である新渡戸稲造先生の霊をお呼びいたしまして、幸福の科学総合本部において、現代的課題について、いろいろと私どもの疑問にお答えくださり、未来への道をお開きくださいますよう、心の底よりお願い申し上げます。

新渡戸稲造先生の霊よ。どうか、幸福の科学総合本部に降りたまいて、われらを導きたまえ。

新渡戸稲造先生の霊よ。どうぞ、幸福の科学総合本部に降りたまいて、われらを導きたまえ。

新渡戸稲造先生の霊よ……。


(約十秒間の沈黙)

2　世界に誇れる「武士道」の神髄《しんずい》

「人間の精神性をどこに求めるのか」という問い

新渡戸稲造　（手を一回叩く）ううん。うん。

綾織　こんにちは。

新渡戸稲造　ああ、こんにちは。

綾織　本日は、貴重《きちょう》なお時間を頂きまして、ありがとうございます。さまざまな観点から、お導きを頂きたいと思っております。

新渡戸稲造　うん。

綾織　どうぞ、よろしくお願いいたします。

新渡戸先生は、『武士道』という本を書かれた有名な著述家《ちょじゅつか》としても世界に知られております。まず、このあたりから、お伺《うかが》いしていきたいと思います。

先ほど、大川総裁からも話がありましたが、当時、海外の方から「日本の宗教教育はどうなっていますか」と訊《き》かれ、そのときは答えることができなかったと。そして、はたと思いついて、「武士道があるじゃないか」ということで、この本を書かれたわけですが、『武士道』を書かれて、それを世界に広めようとされた狙《ねら》いについて、改めて、お聴かせ願えればと思います。

新渡戸稲造　これは、まあ、現代の日本の教育の問題そのものかと思うんですけどね。いまだに、海外に行って、宗教を訊かれて答えられない日本人は数多いですから、同じ問題は残っていますね。

明治期においては、国家神道《しんとう》的な動きはありましたが、明治政府は、「神道そのものは宗教ではない。それは習俗《しゅうぞく》だ」という言い方をしていました。国家神道のほうは、習俗的に横に置いといて、「それ以外のいろんな宗教に対して、信教の自由を認める」みたいな感じの言い方だったので、非常にややこしいやり方ではあったのかなと思います。

日本の伝統から見れば、「明治天皇が神様」みたいに言っても構わなかったんだと思うんだけ

明治天皇（1852～1912）
第122代天皇。

ど、西洋近代化していたので、そういうふうな言い方をするのは少し恥ずかしかったんだろうと思う。だから、習俗というかたちにしたんだと思うんですね。

それじゃ、仏教と言い切れるかと言ったら、仏教とも言い切れないし、まあ、うちもクリスチャンではあったけども、日本は、キリスト教でも仏教でも神道でも儒教《じゅきょう》でも、いろんなものを受け入れる素地《そじ》がありつつも、どれか一つの考えで固まることはない国であるので、そうすると、善悪も、いろいろと分かれてくることになるしねえ。

「何か、よりどころぐらいはあるだろう」と。まあ、要するに、西洋人が見れば、「君たちは、自分たちを動物だとして、アイデンティファイ（自己確認）しているわけじゃないだろう？　君たちのアイデンティティは動物じゃないだろう？　人間の条件は、やっぱり精神性でしょう？　『神様から創られた尊《とうと》い素質がある』とか、何かそれに似た考え方がなければ、おかしいでしょう？　その精神性を、いったい、どこに求めているんだ」と。そう言われているわけですね。

民主主義といっても、動物的民主主義じゃないわけですから、本来的にはね。「繁殖《はんしょく》して多くなった動物が王座を占《し》める」みたいな考え方ではないわけであるので、やっぱり、いろんな言論を戦わせながら、正しさを求めていかねばならないし、また、それ用の参考になるべき考えとして、神の教えなり、仏の教えなり、いろいろとあるべきでしょうね。

だから、これは、やはり、答え切れなかったところが残念です。

日本人の精神的な基準を「武士道」に求めた背景

新渡戸稲造　確かに、徳川時代は儒教もありましたが、儒教は明治維新で捨てられてしまいましたし、仏教は、明治時代、廃仏毀釈《はいぶつきしゃく》の流れのなかで、お寺もかなり軽《かろ》んじられることも多かった。

それから、真宗系《しんしゅう》ですねえ。浄土《じょうど》真宗系の考え方は、従来《じゅうらい》の仏陀の考え方を正反対にしたような考え方で、「無戒律」「何をしても救われる」というような教えであったが、善悪の問題としては非常に判断が難しいことになって、「仏教だから判断ができる」っていうわけでもなくなって……、そういう意味で、核になるものがない。

また、日本人は、イエスのような、ゴルゴタの丘で十字架に架かって死んだ救世主とか、死んだ神様とかは、そんなに受け入れないんですよ。

日本人的感覚から見ると、こういうのは、だいたい、祟《たた》り神《がみ》・怨霊《おんりょう》になるタイプの死に方ですよね。菅原道真《すがわらのみちざね》とか、後鳥羽上皇《ごとばじょうこう》とか、平将門《たいらのまさかど》とか、こういう者に分類されるような死に方をしたら、普通、「祟り神になったら恐ろしいから、祀《まつ》る」というなら分かります。

でも、国民を幸福にしてくれる神様としては、ちょっと、むごい死に方をしているので、「茨《いばら》の冠《かんむり》を被《かぶ》って、十字架に架けられて槍《やり》で刺されて死んだような方を、神様として信じる」「(そういう人が) 福音《ふくいん》を伝えて、人々を愛した」っていうことを、論理的になかなか受け入れないんですよ。だから、キリスト教は (日本に) 広がらないんですね。

だから、何らかの精神的な基準、要するに、日本人をグローバルスタンダードの人種として認めてもらうために何かが要《い》るということで、まあ、別な人は、「日本教」みたいに言うのかもしれないけども、私は、「武士道の精神自体は、まだ残っている」と考えたわけです。

西洋は、騎士道精神があるから、ちょっと、理解しやすい面があったかな。「ああ、なるほど、武士道か。それで、日本人は散《ち》り際《ぎわ》が潔《いさぎよ》かったり、死を軽んじても名誉を重んじたり、自分の命を投げ捨てたりすることもあるのか」ということで、「『武士道』で何となく分かった。言いたいことは分かった」と。

まあ、こういうことには、一応、成功したんだけど、実際は、廃刀令《はいとうれい》が出て、武士が廃止されていった時代であるので、若干《じゃっかん》、難しい面はあったんだけどね。ただ、第二次大戦までは、武士道精神はまだ生きていたとは思う。

生前、神をどのように捉《とら》えていたのか

綾織　素朴な疑問なんですけれども。新渡戸先生は、『武士道』のなかで、「武士道は、仏教からも来ているし、儒教からも来ているし、神道からも来ている」という説明のされ方をされています。

新渡戸稲造　うん、うん。

綾織　一方、札幌《さっぽろ》農学校時代にキリスト教徒になられ、その後、クエーカー教徒

になられているわけですが、当時、新渡戸先生が想定されていた、あるいは、信じていらっしゃった神様というのは、どういうご存在だったのでしょうか。

新渡戸稲造　うーん……。キリスト教の信者ではあるけど、武士道を説《と》くっていうあたりから見て、はっきり言って、一元的《いちげんてき》ではないですよねえ。

綾織　そうですね。

新渡戸稲造　一元的な信仰ではないことは明らかです。
だから、東洋的なるものも、（心の）なかに生きていたことは、間違いない。
私のなかに、日本人もいたし、西洋的な啓蒙主義を導いている神様へも帰依《きえ》していたことは事実だけど。

要するに、太平洋の橋とならんとしたけども、橋の両側には脚《あし》があるわけでして、両側に脚があったから、まあ、東洋と西洋、両方にルーツのある信仰を、自分自身は本当は持っていたんだろうなと思いますね。

そして、日本を完全に否定し去る気はなくて、完全にバタ臭《くさ》くなった洋行《ようこう》帰りのように、「全部、外国のまねさえすれば、幸福になれる」とか、「発展する」とかいうふうに思っていたわけじゃない。「日本は、日本のよさは維持しなきゃいけない」という気持ち、あるいは、「その誇りを維持しなきゃいけない」という考えはあったんですよ。

(日本にも)優《すぐ》れたものはあったんだということですね。

瞑想《めいそう》を重視する「クエーカー派」に共鳴した理由

綾織　新渡戸先生は、クエーカー教徒としても、極めて熱心な信仰を持たれていました。クエーカー派は、キリスト教のなかでは、非常に特殊な性質を持つ一派で、ある種、禅宗《ぜんしゅう》が入り込んだようなところがあると思います。瞑想《めいそう》、あるいは、沈黙の時間を取ることを非常に重視しているわけですが、このへんに惹《ひ》かれた理由というのは、どういうところなのでしょうか。

新渡戸稲造　どうだろうねえ。この世では、非常に活動的な人生を送ったし、人前でよくしゃべることも多い仕事ではあったがゆえに、精神のバランスを取るために、そうした沈黙の時間のなかで、思想を紡《つむ》ぐっていうかな。まあ、カーライル的な影響も出ているのかもしれないですけども。

そういう考えが一方にはあったというか

トーマス・カーライル（1795～1881）イギリスの思想家、歴史家。著書に『英雄崇拝論』などがある。

ね。「バランスを取って、そうした活動的な人生を送るためには、一本のバランスとして、沈黙のなかに思想を紡ぐ時間が要る。暗闇のなかで蜜《みつ》をつくるような時間が要る」という考えはあって、そういう考え方とクエーカー的なものとに、ちょっと合う部分があったというか。

まあ、思想家的な面とこれ（クエーカー的なもの）が共鳴《きょうめい》していたわけで、実務家的な面と、そんなに共鳴していたわけではないと思うんですけど。思想家としての私の面と共鳴していたかな。

重厚な人間になるには、精神修養《しゅうよう》という重《おも》しが要る

綾織　新渡戸先生は、『修養《しゅうよう》』というご著書のなかで、「黙思《もくし》、つまり、沈黙が大事である」ということをおっしゃっています。また、「決心の継続をして小さな努力を積み重ね、平凡ななかに自分をつくっていくことの大切さ」もおっしゃっ

活動的な人生を送るためには、
一本のバランスとして、
沈黙のなかに思想を紡《つむ》ぐ時間が要る。

PEOPLE OF JAPAN, BE THE BRIDGE
ACROSS THE WORLD!

ていました。
ただ、伝記を読むと、もともとは、けっこう激《げき》しやすい性格で……。

新渡戸稲造　ハハハ。

綾織　そんなにおとなしい性格ではなかったようですので、やはり、自分をつくり上げていったところが非常に大きいのかなと思います。

新渡戸稲造　うーん。

綾織　今、現代人に向けて、修養の部分について何かアドバイスをされるとしたら、どういうところになるでしょうか。

新渡戸稲造　鋭いところを感じ取ってるようには思う。まあ、（私は）いろんなキャリアを積んだように言われるが、別な言葉で言えば、現代的には、けっこう多動性の人間だと思うんですよ（笑）。

綾織　そうですか。

新渡戸稲造　当時は、多動性という言葉自体はなかったけども、多動性のある人間だと思っていましたので、まあ、「その多動性のある人間が、人間として深みを持って、重厚な人間になっていくにはどうするか」ということを考えると、やっぱり精神修養ということが、どうしても必要になる。

それは、一定の知識の蓄積や、思想の重さでしょうかね。あるいは、重い決断を重ねていった経験でしょうかね。そういうところが重《おも》しになると思うんです。

イエス、ソクラテス、吉田松陰《よしだしょういん》を貫く「ある精神」とは?

新渡戸稲造　もともと多動性的なところがあって、クリスチャンだけれども、私の本の何冊かにも書いてあると思うが、吉田松陰《よしだしょういん》の影響も、かなり受けております。

私の本には、(私より) 四十年ほど前に亡くなられた吉田松陰先生の言葉に、触れているところがだいぶあります。武士道の精神を考えると、吉田松陰は出てくるんですよね、どうしても。

(吉田松陰が) なんであんなに尊敬されたかっていうことを見れば……。やっぱり、人間

吉田松陰(1830～1859)
長州出身の幕末の志士、兵学者、陽明学者。

は、動物的に考えたら、自分の命がいちばん惜しいじゃないですか。現代の人でもそうでしょう？　命が大事と思う。だから、「命より大事なものがある」ということを知って生きている人間っていうのは、恐るべしですよね。恐るべき人間です。

命より大事なもの、それは、もちろん、「神」とか「神の言葉」とかいう考えもあるけれども、そういう言葉を使わなくても、この世に生きて、自分の命よりも大切なものがある。それはいったい何であるか。吉田松陰的に言えば、それは、「世直しの心」であったり、「正義」であったり、「天の意志」のようなもんだと思うんですよ。

「天の意志を、地上に広げる、世の中に広げるために、もし諸君が長生きしたほうが有利なら、長生きしてもよろしいが、諸君が今死んだほうが世に広がるなら、喜んで命を捨てたまえ」という考えが吉田松陰ですよね。

極めて、ソクラテス的なものやイエス・キリスト的なものを、私は感じるものがあってですねえ。まあ、吉田松陰だけではありませんけども。ほかにも武士道精神に通じる方は、日本には何人かいらっしゃると思うけども、旧約の預言者《よげんしゃ》やイエス、あるいはソクラテスに似たものを感じていたので、明治の精神のもとに、これが一つあるような気がいたしました。

「この世の命を粗末《そまつ》にする」という意味ではなくて、「元《もと》なる神の願いのもとに、これを軽んずる。それを重しとしない」という考え方は、「人間として生まれて、この世がすべてだ」と思っている人間には到底できないことであるんですね。

ソクラテス（前470頃〜同399）古代ギリシャの哲学者。

イエス・キリスト（前4〜紀元29）信仰と愛の教えを説いた宗教家。

ソクラテスとか、イエス・キリストとかは、それができた人です。神の言葉の前に、自らの命を軽んじてみせることができた。それが、西洋の哲学になったり、キリスト教になったりしたわけだけど、日本に、そうした、「自らの、生きたいという願い、動物的な生存欲を断ち切って、大いなるもののために命を捧げる」という考えがあるとすれば、何かと言えば、これが武士道に当たるのかなと思う。

武士道には、大義名分《たいぎめいぶん》であったり、忠義であったり、破邪顕正《はじゃけんしょう》であったり、いろいろな表れ方があるだろうけど、要は、「何らかの精神的なもので、より高次なもののために、この世でのささやかな幸福とか、人間としての寿命《じゅみょう》とか、楽しみとかを捨てていく」ということですよね。

「この段階においては、ソクラテスやイエスに、決して負けていないものがあるんじゃないか。ここが世界に誇れるんじゃないか」という考えを持っていたのです。

武士道には、
いろいろな表れ方があるだろうけど、要は、
「何らかの精神的なもので、
より高次なもののために、
この世でのささやかな幸福とか、
人間としての寿命《じゅみょう》とか、
楽しみとかを捨てていく」ということですよね。

PEOPLE OF JAPAN, BE THE BRIDGE
ACROSS THE WORLD!

　だから、クリスチャンであるけども、「イエスやソクラテスを貫いてあったものが、吉田松陰的なものを貫いて、明治維新前夜から、明治の精神に流れてきている。吉田松陰的なるものは、もちろん、その前は、徳川家を貫いた儒教の教えのなかにも流れていたのかもしれないし、さらに、その前を言えば、鎌倉時代以降の武士の世の中を貫いていたのかもしれない。そのように、長く貫いている考えとして、一つ、これがあるんじゃないか」と考えたわけです。

　外国に比べて誇るべきものとして、武士道がある。武士の世の中は、別に、殺《さつ》戮《りく》ばかりがあったわけではない。刀は持っていたけども、要するに、「刀を持っている」ということの精神が、ある意味での「紳士の条件」みたいなものだったんでしょう。日本においてはね。

「刀を持っている以上、刀に懸《か》けて誓って、邪悪なることはしない。不正なることはしない」「刀に誓って、悪に染まらず、恥じることのない生き方をせよ」

というようなかたちで仮託《かたく》されて、「大和《やまと》の精神」の一つの部分、「武《ぶ》」の部分が生き延《の》びてきたんじゃないかと思う。

もっと前には、日本武尊《やまとたけるのみこと》とか、いろんな方がいらしたと思いますけども、そうした武の精神、武士《もののふ》の精神が流れていたと思うので、「これはこれで一つ、凜《りん》としたものとして世界に誇れるんじゃないかな」と。「そういう気概のある日本人というものを世界に示したかった」っていうところだね。

「願い」と引き換《か》えに命を落とすことは当然覚悟していた

綾織　新渡戸先生は、学生時代に、「太平洋の架け橋とならん」という志《こころざし》を立てられ、晩年は、アメリカを遊説《ゆうぜい》されて、戦争回避をずっと訴えていらっしゃいま

日本武尊（3～4世紀頃）
第12代景行天皇の皇子、
国づくりの英雄。

した。最後は、カナダで開かれた国際会議に参加し、そこでお亡くなりになったわけですが、学生時代の強い思いというのは、どういうものだったのでしょうか。何か、心の奥から、「自分の人生は、これに懸けるんだ」という強いものがあったのでしょうか。

新渡戸稲造　二十代前半で、「太平洋の架け橋とならん」と志を立てたということ自体、ある意味で、私に預言者的使命があったということは言えるんじゃないでしょうかねえ。若いうちに、自分の人生の使命・天命みたいなものを感じ取っていたということでしょう？　だから、ある意味での預言者的資質はあったんじゃないかと思うんです。

当時、私は、「今日《きょう》の教育者は福沢諭吉《ふくざわゆきち》で、

福沢諭吉（1835～1901）
慶應義塾大学の創立者。

明日《あす》の教育者は新渡戸稲造」と言われるような教育者として、福沢諭吉と対比されることも多かったんですけども、福沢諭吉には、預言者的なところはあんまりないと思います。

私には、預言者的なものがちょっとある。それは、宗教性のところなのかもしれません。そういう、「太平洋の架け橋とならん」という願いを持つ、願《がん》を立てる人は、やっぱり、その願と引き換《か》えに命を落とすことを、当然、覚悟しているということですからね。

そういうところが、「武士道」と「キリスト教精神」とが融合した部分なのかなあ。

3　日本の教育について思うこと

クラーク博士《はかせ》に見る「人格による教育」の大切さ

九鬼　その願《がん》を立てる前は、札幌《さっぽろ》農学校で勉強されたと思いますが、札幌農学校については、非常に有名な話として、「クラーク博士《はかせ》の『少年よ、大志《たいし》を抱《いだ》け』という思想が行き渡っていて、博士がいなくなったあとも、気風《きふう》がずっと残っていた」と伺《うかが》っております。

私たちは今、幸福の科学大学という新しい大学をつくろうとしています。

そこで、新しい大学において、志《こころざし》や気概を伝えていくことの大切さ、また、「宗教的精神を、どのように教育に生かすか」ということについて、お教えいただければありがたいと思います。

新渡戸稲造　クラークさんは、アメリカでは、もうすでに立派で、成功された方であったので、「当時の交通の便《べん》の悪い時代に、わざわざ、日本に来ていただいて、特に札幌まで来ていただいて、教鞭《きょうべん》をとってもらう」みたいなことは非常に失礼なことではあるんだけども、口説《くど》かれて、意気に感じて来てくださった。

まあ、実際上は一年もいなかった。向こうで、もっと大事な仕事をやっておられた方であるので。あちらでも重要な教育事業をやっておられた方であるので。

ただ、一年足らずで帰られた方で、私なんかは、そのあとになるんですけども、その遺風《いふう》は堂々として残っていたので、「やっぱり人格による教育は非常に大きなものだな」という感じがします。一年いなくても、人格による訓育《くんいく》というのは、すごくありましたね。

「Boys, be ambitious」（ボーイズ・ビー・アンビシャス）。「青年よ、大志を抱け」と訳された言葉も、すごく大きな影響は残ってますけれども、あとは、「Be a gentleman」（ビー・ア・ゼントルマン）、まあ、「紳士たれ」という考え方ですかねえ。こういうことが、そうとう大きな遺風として残っていた。

当時の若者たちは喧嘩《けんか》っ早《ぱや》くて、争いごとがあるとすぐ殴り合いをしたりするような状態でしたけども、そんななかで、「『紳士であれ』あるいは『大志を抱け』という方向性を出して、実際、自ら体現している人」を見た人たちが、その一期生だね。一期生が、後輩に伝統を伝えていったということだね。

クラーク博士像

札幌農学校が意外に人気があったのは、当時、特待生《とくたいせい》（官費生《かんぴせい》）たちは、無料で教育を受けることができたからです。（卒業した）あと、今の北海道庁みたいなところに、ある程度、勤めなきゃいけないっていう義務はあったんですけどね。北海道のために活躍することが義務付けられていた。北海道開拓のために教育機関をつくって、やるということだったんですけどもね。

まあ、それにかかわらず、何となく、クラーク博士なんかの人徳に惹《ひ》かれて行った方はいっぱいいいる。内村鑑三《うちむらかんぞう》君とか、宮部《みやべ》（金吾《きんご》）君とか、ほかにも何人か優秀な方はいたと思うけども、やっぱり、教育者に対する人格的な憧《あこが》れで惹かれるということは、大きいんじゃないでしょうか。

そういう意味で、「組織は、トップ一人」とよく言われるけど、感化力は大事なんじゃないですかねえ。

左から、札幌農学校時代の新渡戸稲造、宮部金吾、内村鑑三。

クラーク博士なんかの人徳に惹《ひ》かれて
（札幌農学校に）行った方はいっぱいいる。
「組織は、トップ一人」とよく言われるけど、
感化力は大事なんじゃないですかねえ。

教員たちに魅力があれば、人材は集まってくる

新渡戸稲造　あなたがたも学校をつくられるそうだけども、「感化力」は、やっぱり大きいものがあるよね。

内容だけで、テクニックを教える学校は、今たくさんあると思う。合格しやすいとか、技術を教えてくれるとか、そういうところはあると思うんですけども。まあ、農学校なんかも、技術的なものはあったと思うんだけど、それよりも、徳育による感化を受けたくて、人が集まったっていうところだね。だから、そういう面を持っていないといけないと思います。

既成の教育制度や、「技術や資格を取ったり、就職に有利だ」ということであれば、あなたがたがつくろうとしている大学よりも、すでに伝統のある大学のほうが有利なことは多いだろうと思いますけども、そのなかで、新しい精神をプン

プンと発して、「日本全国から人材を集めてくる。世界から集めてくる」という気概を持っていることが大事だろうと思いますね。

今は、時代が変わって、宗教がつくる大学を非常に軽く見るような時代かもしれませんけど、そういうときに、「宗教力による感化力」がある大学をつくるということ自体が、一つの教育革命だろうと私は思います。

九鬼　ありがとうございます。

新渡戸先生は、教壇《きょうだん》に立たれる前には、祈りをされていたと伺っておりますが、神との交流と教育という観点から、教員に何かアドバイスがございましたら、お願いいたします。

新渡戸稲造　うーん……。世間の価値観とはちょっと対立するんだろうとは思うんだよね。

札幌農学校みたいなところであれば、「北海道の農業あるいは開拓に役立つような実学を教えてくれれば、それでいい」っていうことで、「その方面で腕が立って、農業指導や、畜産《ちくさん》・酪農《らくのう》の推進などに役に立つ技術があればいい」っていう考えもあるけれども、そっちではないほうで、人を集めた。要するに、当時の東京帝国大学よりも、ある意味で、人気があった部分もあったわけで。うーん。

まあ、先生がたには、できればそういう魅力が欲しいですね。

その魅力は、「いわゆる偏差値的学力による優秀さ」による魅力だけではない。もう一段高い、道徳的見地からの感化力に惹かれて人が集まってくるようなものが、やっぱり大事なので、その意味で、「ただの技術や知識を教えて生業《なりわい》としている職員がいる」っていうだけでは駄目《だめ》なんじゃないかと思います。

九鬼　はい。ありがとうございます。

国際人材ではなく、グローバル人材になるには何が必要か

九鬼　新渡戸先生は、国際人・グローバル人材の先駆《さきが》けとして、非常に有名な方のお一人であり、先ほど、大川総裁からも、「日本の国際人といえば、五本の指に入る方」というように伺いました。今、時代が大きくグローバル化しています。現代において、どういうかたちで、国際人・グローバル人材を養成していけばよいのかについて、お話を賜《たまわ》ればありがたいです。

新渡戸稲造　まあ、君も困っているようだけども、「国際人材・国際的活動」と「グローバル人材・グローバル的活動」とが、一緒なのか一緒でないのか。禅の公案《こうあん》みたいで、苦しんでいるっていう噂《うわさ》だねえ。

だけど、私は、一つには、「ミッション」の存在だと思うんですよ。多様《たよう》な外国人が出入りしているとか、外人がいっぱい住んでいるとか、外国に行く人がいっぱいいるとか、そういう交流が盛《さか》んだっていうことだけだったら、確かに、「国際化」と言えるかもしれないけれども、私に言わせれば、「グローバル」っていう意味は、やっぱり、一種のミッションを伴《ともな》っていると思いますね。

世界各地に、今、二百カ国近くあって、いろんな国が、いろんな文化や教育や宗教などを持っていると思うんだけれども、同時代に生きている者として、やっぱり、「進んでいるもの」と「後《おく》れているもの」とがあるでしょう?

そういうなかで、同時代にせっかく生きているんだから、「次回生まれ変わるときには」なんていうんじゃなくて、「別の国に生まれたけれども、同時代に、自分の生まれた国ではない所に進んだものがあるなら、それを世界に伝えて、広めよう」という考え方でしょうかね。これに基づいて浸透していくのが、グローバリズムじゃないかなという感じはするんだよ。
そういう意味で、総合的にアメリカが進んでいた時代が、百年ぐらいあったんじゃないかと思うんだけど、私が『武士道』を書いたのは、「日本からだって（発信できるものは）あるんだぞ」ということであったと思う。
君たちも今、それを目指していると思うんだ。「日本からだって、発信すべきものはあるんだ」っていうことでしょう？　これこそグローバリズムですよ。

九鬼　はい。

新渡戸稲造　だから、単なる国際化とは違う。グローバリズムっていうのは、世界各国があることは認めながらも、「ただ、それが坩堝《るつぼ》のように交《まじ》わればいい」っていうことじゃない。それは、グローバル化じゃない。

やっぱり、一定のミッションがあって、「そのミッションを全世界に広げたい」と思う人たちがいて、その考え方ややり方、仕組みを広げていく。これがグローバル化じゃないかねえ。

例えば、政治システムにもいろんな考えがあるけども、「民主主義が最高だ」と考えている思想グループたちが、「民主主義を広げたい」と強く願って、それを世界各国に広げていくというのなら、これはグローバリズムだろう。

あるいは、「市場主義経済が正しい。これは人類を幸福にする」と思って、それを広げていくのなら、これもグローバル化だと思う。

ただし、必ずしも、西洋化がグローバル化ではないし、軍隊が強いところにみんなが従うことが、グローバル化でもないと思うね。

私の考えは、そういう考えです。ほかの先生がたは、違う考えを持っているかもしれません。

一定のミッションがあって、
「そのミッションを全世界に広げたい」と
思う人たちがいて、
その考え方ややり方、仕組みを広げていく。
これがグローバル化じゃないかねえ。

PEOPLE OF JAPAN, BE THE BRIDGE
ACROSS THE WORLD!

九鬼　ありがとうございます。

新渡戸稲造が推奨《すいしょう》する〝二刀流《にとうりゅう》〟の人材とは？

九鬼　新渡戸先生は、ジョンズ・ホプキンス大学で英文学等を勉強されながら、アルバイトとして、英字新聞を読み、注目すべき記事を切り抜いて、スクラップブックをつくるということをされていたと伺っております。

まさに、「実務家的な部分の能力を磨きながら、思想を編《あ》む」という両輪《りょうりん》をされたのではないかと思います。

ジョンズ・ホプキンス大学

今、当会では、大川総裁より、『黒帯英語』シリーズなどの英語テキストを賜っており、そのなかには、ジャーナリスティックな英語を学ぶ部分もあれば、『聖書』を英語で学ぶ部分もあります。

このあたりについて、何かアドバイスを頂ければありがたいと思います。

新渡戸稲造　やっぱり、「魂《たましい》を鍛える部分」と「頭脳を鍛える部分」と両方要《い》ると思うんですよ。

頭脳を鍛える部分は、実務家としての適性の部分で、その適性をつくるには、ある程度、実用性のあるものを勉強しておかないといけません。そうでないと、使えなくなりますね。

『The Essence of 黒帯英語への道（上）』（幸福の科学出版刊）

ちょうど今のイスラム圏で言えば、イスラム教の「ムハンマドの時代の考え方や習慣」みたいなものを現代にやろうとすると、やっぱり、抵抗に遭《あ》って、いろいろ軋轢《あつれき》を生んでいると思うんです。

これはやはり、「思想的なレベルの問題」と「実務的なレベルの問題」とが、あまりにもミックスされすぎている問題なのかなと思うんですね。

だから、この世的に世に立っていくために必要なもの、要するに、職業形成のために必要なものは、必要なものとして、頭脳訓練や技術訓練を経《へ》て、身につけたほうがいいと思うし、それも一つの自信の根源になると思うんですよ。

今から考えれば、私が農政学みたいなのをやって、農業の指導ができるなんていうようなことに、どれほどの意味があったかは、よくは分からない。ただ、「北海道みたいな新しい所を開拓していったり、台湾のような所を豊かな国に変えていく、要するに、実用性のある学問を使って、人々に実際にその功徳というか、効果があるところを見せる。と同時に、一方では道徳的訓育もやっていく」ということが、非常に効果的な仕事だと思うんです。

やはり、片方だけでは十分じゃないと思う。道徳的ないいことを言っているけど、実際にやることは全然なってない。口はいいことを言っているけども、全然分かってない。

例えば、君らは、政治とか国際問題とかに意見を言っているけども、「ある程度、実際に分かっていて言っているのか」、あるいは、「お寺のお坊さんとか、他の新宗教の人たちとかが、よくは分からないけど、とにかく『平和、平和』と言って運動しているのと一緒なのか」、やっぱり、この違いは現実にあるだろうと思うんだよ。

この世的には、どの宗教が正しいかっていうことは、そんな簡単に分かることではないんだけども、ある程度、実際に働いて、仕事をしてみて、ベネフィット（利益）を生み出すような仕事ができる。周りから信頼されて、的確な仕事ができ、判断もできる。そういうところで、おかしくならないレベルでの実力を発展させつつも、同時にまた、道徳的訓育・指導力というか、影響力も増していく。まあ、そうした両方の面を持っていなきゃいけないと思うんですね。

最初、紹介があったように、ちょっと中途半端になる可能性もないわけではないけれども。まあ、そう大きな、世界的な大思想家になるような人は、めったに出るもんじゃないので、民族に一人や二人も出たらいいほうで、みんながみんな、そういうふうにはならないから、それよりは、ちゃんと仕事をしたほうがいい。いろんな会社でもいいし、自分個人で事業を始めてもいい。

何かやって、ある程度の成功をした人であれば、周りもよく意見を聞いてくれるところがありますので、実際家として、この世的に成功をある程度しつつ、心の余力の部分、余白の部分で、宗教的なるものや道徳的なるもの、その他、プラスアルファのところの教養を積んで、人間としての奥深さを持っている。「できれば、勤務時間中はちゃんとした仕事をきちんとこなして、リーダーになっていけるような人材になってほしい」という部分を、教育として教えつつも、夜とか土日とか、自分がボランティア的に動いても構わないような時間には、精神的なリーダーとして、また別の活動もできる。

そうした余力を持った〝二刀流《にとうりゅう》〟が、私的《わたしてき》にはいいんじゃないかと思います。

九鬼　ありがとうございます。大変参考になりました。

時代とともに変化してきた女性の扱い

九鬼　新渡戸先生は、東京女子大学の初代の学長もされているので、女子の教育について、何か、お考えがおありかと思います。

今、時代は変わりつつありますが、女子教育についてもご意見をお伺いできればありがたく存じます。

新渡戸稲造　アメリカ人と結婚した明治時代人なので、ちょっと、ずれ方は激しいかもしれない。家内のほうも、日本的な文化をできるだけ理解しようと努力していたけど、完全に日本人にはなり切れないし。うーん、まあ、参考にズバリなるかどうかは分からないんですが。

当時のアメリカ女性的な考え方から言って……。まあ、アメリカ人の女性であっても、今のアメリカ人から見れば、そうとう差別は受け

新渡戸稲造と妻のメアリー・エルキントン。

東京女子大学

ていたというか、後れていて、ババインド（behind）だったね。そうとうババインドな感じだったと思うけど、それでも日本に比べれば、（当時のアメリカ人女性は）もうちょっと、しゃっきりしていた。（アメリカの）男性は、女性に対してレディーファースト的な気持ちは持っていたと思うんだよ。

それに比べれば、日本の女性の扱いは、少なくとも一般的社会においては、やっぱり悪かったのではないかなという感じはあります。

それから、もちろん、生まれによって決まっていた面もあるので、家柄がよければ、お嬢様ということで、身分は確かにあったのかもしれませんけれども、やっぱり、チャンスが平等にはなかったと思うんですよ。

だから、アメリカのほうが、やや、教育による「身分の変動」ということに関しては、日本よりも先行していた面はあったんじゃないかと思うんです。

「生まれが、お殿様や大名《だいみょう》の娘ではなく、庶民の子であっても、ちゃんと勉強ができれば、いい学校を出れて、職業に就《つ》ける」というようなことについては、やっぱり、アメリカのほうが進んでいたと思うし、男女平等的な考え方も進んでいた。

と言っても、アメリカ独立宣言では、まだ、イコール（平等）になるのは白人の男性だけで、女性や有色人種、インディアン等は差別されていたのは事実であるから、アメリカも発展途上にはありましたけどね。

でも、ほぼ同時代というか、私が生まれたあとぐらいにリンカンが暗殺されたぐらいで、アメリカに留学していた頃には、まだリンカンを知っている人はいっぱいいいて、特に南部のほうには、リンカンを悪く言う人も現実には存在しました。

あちらにも、「あんな醜《ぶ》男《おとこ》は結局駄目よ」み

エイブラハム・リンカン
（1809～1865）第16代
アメリカ大統領。

たいな感じの言い方をする女性だっていたり、いろいろしたので、まあ、「人間の値打ちとは何か」ということが、アメリカもまだ暗中模索《あんちゅうもさく》の時代であったのかなと思います。

今は、日本も女子に仕事上、不利にならないように道を開こうとしているけど、女性の社会進出と同時に少子化も起きて、「これも国を滅ぼす原因になっている」ということで、とても悩んでいると思うんです。

かと言って、移民を入れたら日本の同質化が失われるので、「治安が乱れて、今のいい国がよくない国になってしまう」という心配もあって、どれも、虻蜂《あぶはち》取らずの感じになっているのかなと思うんですけどね。

うーん……、どうでしょうかねえ。今あなたがたから見れば、イスラム教国の女性の扱い等を見れば、かなり遅れていると感じると思うんですが、昔の日本もそうであったし、戦前もそうであったので、まあ、それに比べると、ずいぶん時代は変わったと思います。

魂において差がない以上、女性にもチャンスを与えるべき

新渡戸稲造　あなたがたの宗教においては、「魂において、男女に差は特にない」という考え方を持っているはずですよね。そして、「男性に生まれたり、女性に生まれたりすることもある」ということであれば、「たまたま肉体的機能として、男性であるか女性であるかということで、一生の運命が決まってしまって、固まってしまう」ということ自体は、フェアではないですよね。

だから、チャンスは与えられなければいけない。

実際に、肉体・物理的に不利な部分、例えば、妊娠・出産ということがあれば、キャリア上は不利に当たるところがあるけれども、それについては、「何らかの穴埋めというか、架け橋をつくってやらなきゃいけない」という流れになってい

ますよね。それ自体は、いいんじゃないかと思うんです。

ただ、その前提条件があります。社会全体に活力があって、豊かな社会のほうに変化していく流れのなかでは、すごくやりやすいけども、社会全体が下《くだ》っているというか、貧しくなっていくような状況のなかでは、そういうフリンジ（周辺）というか、労働条件の周りの環境を整えるようなことのほうに力を注ぐのは、かなり厳しい面も同時にあるね。

だから、繁栄の余力のなかに、そういうシステムをつくっていかなければいけないだろうと思う。

ここのところが大事ですね。もう一段、仕事の生産性を上げなければいけないんじゃないかと思います。

九鬼　「繁栄させていくなかにおいて、ある種のチャンスの平等を与え、女性の伸びていく力を引き出していく」というかたちを取ったほうがよいとお考えなのでしょうか。

新渡戸稲造　今は、女子の校長先生だっていますけど、確かに、「出産・育児で二年休みました」「復帰しました」「次の子を身ごもりました」「また二年休みました」「また復帰しました」って言っても、間《あいだ》に入る校長先生のほうが、なんか、パートタイマーみたいな感じになっちゃいますのでねえ（笑）。

まあ、そのへんは、なかなか納得してくれない面はあるとは思うんですけど、何とか智慧《ちえ》の力で、「女子がせっかく形成してきた、勉強や仕事上の能力を完全にグレードダウンしてしまわないでいいように、復帰できる、あるいは再チャレンジできる社会をつくろう」と努力しなければ、そうはならないだろうと思うんですよ。

九鬼　ありがとうございます。

「教育プラス宗教」で、人種の壁を超えることができる

九鬼　今、男女差別の話が出ましたが、もう一つ、新渡戸先生の時代には、白人優位による人種差別の軋轢といいますか、国際問題があって、国際連盟の事務次長をしておられるときも、その解消に向けての仕事もされたと伺っています。

新渡戸稲造　うーん。

1920年当時、国際連盟本部が置かれたウィルソン宮殿(スイス・ジュネーブ)。
"Palais Wilson" From Wikipedia (http://en.wikipedia.org/wiki/Palais_Wilson) より

九鬼　当時、日本として、主張すべきことを主張されてきたご経験から、今の日本の状態について、お考えをお聴かせいただければ、非常に参考になるかと思います。

新渡戸稲造　人種差別はいまだに残ってはいるでしょう。残っているし、ある意味では、自然なものなのかもしれません。「自分より優《すぐ》れているか、劣っているか」っていうのは、人は、印象ですぐ分かってしまう、一瞬で分かってしまうところはありますのでね。まあ、そういうことは、ある程度、完全には避けがたいものがあると思います。

ただ、アフリカに生まれた人でも、例えば、アメリカに留学して、アメリカ人として教育を受けると、ちゃんとした仕事はできるようになるし、母国に帰ったら、エリートになって国の重要な役割に就くこともできますので、教育っていうのは、やっぱり、大きなチャンスだと思うんです。「チャンスとしての宗教や道徳」があるんです。

「チャンスとしての教育」と、もう一つは、「チャンスとしての宗教や道徳」があると思うんですね。

だから、そうだねえ。まあ、教育のところは、能力と実績ではっきり判定されてくるところがあるので、どうにもならない面も多少あるかもしれませんが、道徳観あるいは宗教的な救いの心自体は、民族・人種を超えることができると思うので、もう一段大きな包み込む力・包容力が、そこに働いてくるといいですね。

だから、「教育プラス宗教」が非常に大事。宗教教育と言ってもいいかもしれないが、それが大事だと思う。それは、付け足しみたいにやるべきものではないと思いますね。

九鬼　ありがとうございます。

4　国際情勢の見通しと日本のやるべきこと

アメリカが衰退している今、危険な時代に入っている

市川　本日は、まことにありがとうございます。国際情勢についてお訊《き》きできればと思います。

新渡戸先生は、国際連盟の事務局次長だったときに、フィンランドとスウェーデンとの間《あいだ》に起きたオーランド諸島の紛争を、有名な「新渡戸裁定《さいてい》」というかたちで解決されました。

今、中東では、イスラエルとパレスチナの問題がありますし、東アジアでは、中国、北朝鮮等の脅威もありますが、新渡戸先生は、現代の国際情勢を、どのよ

うにご覧になっているでしょうか。

新渡戸稲造　やっぱり、うーん……、難しいねえ。

国際連盟も理想的なものではあったんだけども、結局、強制力がなかったのでねえ。そのへんに弱いところがあったのと、あんまり理想主義的すぎて、「現実の悪にどう対処するか」っていうところに、智慧《ちえ》が足りなかったような気がします。

だから、国際連合といっても、結局、アメリカが十分に機能を果たしているうちは、国連も機能していたと思いますけども、アメリカが今、スーパーパワーから、相対的な大国になっていこうとしている段階で、その価値観が分裂し始めようとしているところですね。

今、実に危険な時代に入っているわけです。いろんな国の内部で紛争をされても、アメリカが口出しできないような状態になっていくと、なかだけで見ると、十万、二十万の人が死んでいくみたいなことが起きてきますのでね。これについては、やはり、「どこまでが許されて、どこからが許されないか」っていう問題があると思うんですね。

今のアメリカの動き自体は、国際連合が国際連盟化して、元《もと》に戻っていく流れにちょっと近づいてきています。しかし、言葉だけ、思想だけでは動かない面はあります。思想だけであれば、イスラム教徒は、完全にキリスト教徒の言うことはきかないところはあると思いますね。

各国の価値観の違いを調整するには、どうすればよいか

新渡戸稲造　では、「多数決だけで決めればいいか」と言えば、必ずしもそれが正しいとも言えない。特別利害を持っている国は、それを全然知らないところに

多数決で決められても、納得いかないですね。日本で言えば、クジラ漁《りょう》やイルカ漁みたいなものが非難されているけど、文化的な違いがありますからね。豚を食べちゃいけないところもあれば、牛を食べちゃいけないところもある。これを、どうやって統一するか。たぶん、多数決でやっていいことではないでしょう。

例えば、牛を食べるところに、「牛を食べちゃいけない」と言う。「インドの人口が急増して三十億人になって、（全世界で）多数決をしたら、何となく、『牛を食っちゃいけない』という思想が多数になった」ということで、「アメリカ人も、イギリス人も、牛は食べるな。ビフテキも食べてはいけないし、ローストビーフも食べてはいけない。こういうことに多数決で決まりました」というようなことであったら、なかなか納得いかない面もあるでしょう。

そのへんの調整の難しさはどうしても残るし、「最終的に何が正義か」というところは本当に難しいところがありますが、大きなところでは、できるだけ筋《すじ》は通して、小さな習俗《しゅうぞく》や文化の違いで、「もう、しかたがない」と思うものについては、あんまり大きな争いにならないように、うまく丸めることが大事かと思います。このへん、厳しいところはあるけどもね。

今のシリアの問題やウクライナの問題は、国連もさぞかし頭が痛いだろうね。どっちを取ったって、被害はきっと出るに違いないので。不利な判定をされたほうが、迫害を受ける結果に必ずなりますので。

それから、中国の問題も……。まあ、中国が大国であった時代も、歴史的には何度もありますから、「中国が覇権を持つのは悪い」とは、中国人は思っていないはずです。

だけど、何だろう？　中国よりも、もう一段豊かな、ゆとりのある文明を享受した経験のある人たちから見て、(中国には）劣っているところがあるように見えているんだけど、中国にいる人たちには、それは見えていない部分があるっていうことだよね。あるいは、北朝鮮から一歩も出たことがない人にとっては、北朝鮮以外の価値観がどれぐらい優《すぐ》れているかが分からない。そういう価値観教育で統制されてしまったら、分からないというところがあります。だからといって、「完全に情報を公開して、全部、世界中、一緒にしてしまえばいいか」と言えば、それでも、やっぱり、考え方に違いが残ることは残るのです。

ここはもう神様の領域に入ってくるので、若干《じゃっかん》分かりにくいですが、できたら、やっぱり、うーん……。まあ、結果として、最大多数の最大幸福的なものを目指していくしかない、しかたがないのかなと思います。それで、少数になった者が特別な迫害を受けるようであるならば、それに対して救済する道を開いていくことですね。

戦勝国がリードする体制を維持したい「アメリカ」と「中国」

綾織　東アジアの問題についてお訊きします。来年、終戦七十年を迎えるということで、これから一年間、いろいろなイベントが催《もよお》されていきます。そのなかで、「『日本が悪かったんだ』ということを、もう一度定着させよう」とする動きが、中国でもアメリカでも起こってきている状態です。

日本としては、こういう議論を引っ繰り返していかなければいけませんが、どのような手を打っていくべきだとお考えでしょうか。

新渡戸稲造　それは、「戦後体制をそのまま維持したい」という考え方ですので、そちらのほうが、ある意味では保守なのかもしれない。「戦勝国がリードする体制をつくりたい」と言っているわけだけど、戦勝国のなかにも問題が出てきているということだよね。

それから、敗戦国と言われたもののなかにも、「戦時のキャンペーンにおいては、完全な悪みたいに言われていたけど、その後を見てみたら、偶然、台頭《たいとう》してきたわけじゃなかったんだな」というところですかね。

ドイツはドイツで、国民の優秀性を信じるには十分な理由があったかもしれませんし、日本は日本で、やっぱり、優れた文明を持っていたところがあったと思うので、「敗戦国だから従属していろ」といっても、甘んじられるレベルと、甘んじられないレベルとがあるでしょう。

そして、「戦勝国のなかでも、覇権競争が起きてくる」ということですが、これは、学校で言えば、勉強の仕方によって順位が変わってくるのと同じようなものなので、リーダーが変わってくることは起きますよね。当然ながら、起きてくる。スポーツをやっても、そうですよね。うまくなってくる者と、そうでない者とがあるので。

ただ、「その国のシステムや考え方、教育等を受けたら、周りがよくなるもの」が広がっていくなら、人類にとって幸福でしょうけども、その国だけが幸福で、ほかは不幸になっていくという状態が広がるなら、悪いことだということでしょうね。そのへんの見極めはとても難しい。

日本人は世界にベネフィット(利益)を与える努力を

新渡戸稲造　でも、どうでしょうか。先の大戦自体、不幸なことではあったと思いますけども、うーん……、まあ、七十年以上経《た》って、日本の悪をあげつらい、「千年経っても恨《うら》みは忘れない」とか言っていること自体は、神の心に適《かな》う言い方ではないように、私は思うんですがね。

日本は、戦後、十分、償《つぐな》いもしたし、耐えてもきた。けれども、「そのなかで、繁栄したのが許せない」と言うのかもしれません。「だから処罰したい」という気持ちがあるのかもしれません。「悪い国なら、貧乏して、もうちょっと悩んでいろ。そういう状態が望ましい」という処罰の概念が、一部、働くのかもしれませんけどもね。

これは、非常に厳しいところだと思いますが、やっぱり、日本人自身が、新しい価値を生み出して、世界にベネフィット（利益）を与えていく努力をしなければいけないんじゃないかと思います。

だから、単なる戦前の軍国主義の復活だけであってはいけないのであって、「そのなかに、もう一段、普遍的なるものが入っているかどうか」の点検を、自分たちもしっかりしないと。単なる欲の競争にならないようにしたほうがいい。

また、同じ土俵《どひょう》に乗らないことも大事。「相手が罵《ののし》ってくるから、こっちも罵り返す」というだけの、同じ土俵に立って唾《つば》を吐きかけるような関係は望ましいとは、私は思わない。

向こうが罵ってきても、こちらはそれを受け流して、紳士的態度でもって、言うべきことを言い、友人としてアドバイスすることはする。そして、助けるべきときは助ける。意見を言うべきときは言う。まあ、そういう態度が大事なのではないかと思いますね。

アメリカという国も巨大化し、繁栄してはいるけれども、陰《かげ》りもまた一部見えているところがあるのも事実だ。おそらく、奴隷《どれい》制度等を通して、国として何らかのカルマを持っていることは事実であろうから、それが何らかのかたちで破裂しようとしている面はあると思う。

先の第二次世界大戦でピークがきて、その後、朝鮮戦争、ベトナム戦争、湾岸戦争、イラク戦争等を経過してきて、「アメリカ的なるものの価値観が完全に正しいかどうか」を、内部の人たちも一部、疑うようになってきて、理性を麻痺《まひ》さ

向こうが罵《ののし》ってきても、
こちらはそれを受け流して、
紳士的態度でもって、言うべきことを言い、
友人としてアドバイスすることはする。
そして、助けるべきときは助ける。
意見を言うべきときは言う。
まあ、そういう態度が
大事なのではないかと思いますね。

PEOPLE OF JAPAN, BE THE BRIDGE
ACROSS THE WORLD!

せようとする動きもあるよね。銃社会、麻薬社会が正しいのかどうか。やっぱり、そういうところはあるでしょうね。

まあ、文明は流動化しているんです。

だから、今必要なのは、立派な個人を育てていって、そうしたリーダーたちに大事な場面を委《ゆだ》ねていくことじゃないかと思います。

綾織　新渡戸先生は「国際連盟の良心」と呼ばれましたが、日本人が世界のリーダーとなるためには、まさに、良心というものを体現する必要があるのかなと思いました。

日本は英語教育を改善して、海外に門戸《もんこ》を開くべき

綾織　先ほどの質問にも少し出ましたが、引き続き、中東の問題について、お伺《うかが》

いします。

新渡戸先生はキリスト教徒でいらっしゃいましたが、いろいろな宗教にも通じておられたと思います。

その新渡戸先生が、もし今、国連で事務総長的な立場に立たれたとしたら、中東におけるもつれた糸をどう解きほぐしていかれるでしょうか。何かイメージなどがありましたら、お教えください。

新渡戸稲造　うーん、難しいね。やっぱり難しい。

もし、アメリカとかで出ているシェールオイル、シェールガスとかいうものが、本当に中東の原油を無力化するほどのものであるなら、世界の勢力図は大きく変わるだろうね。中東の値打ちがぐっと下がることになるので、世界が中東を必要としない状況に来るならば、イスラム文化圏そのものの縮小ないし粛清《しゅくせい》が行われる可能性は出てくる。

だけども、「油が、世界のエネルギー源として、大きな力を持ち続ける。オイルマネー、オイルパワーが力を持ち続ける」というなら、まだ遠慮しなきゃいけない部分があるから、このへんのエネルギー革命と連動して、まだ変わってくる可能性はあるとは思いますね。

歴史の振り子は、違うように振れることがあるので、何とも言えませんけれども、ただ、言えることは……。

まあ、昔は、日本人もオランダ語をやっていたのかもしれませんが、明治維新前夜は蘭学《らんがく》だったかもしれないけども、明治以降は、蘭学を捨てて英語に変えた。そして、英語をやった方は、その後、大きな成功への切符を手に入れられたと思うんですね。

それで、今、世界が、国の数として、バラバラになっていますので、どういうふうにまとめるかということですが、一つはラングエッジ（言語）で共通のものをつくるしかありません。ただ、エスペラント語でまとめるわけにもいかないし、サンスクリット語とか、ラテン語とかでまとめるわけにもいかないので、今はやっぱり、合意を得られるとしたら英語だろうと思うんです。

要するに、英語を第一言語としないまでも、準公用語ぐらいのレベルまでは、ある程度、中進国以上のところでは、できればやりたい。最近では、英語をしゃべるのを嫌がっていたフランス人でも、英語をしゃべるようになったとも言われております。やっぱり、何かのところでは、ちょっと譲らなければいけないところはあると思うんですよ。

その意味では、あなたがたの学校も考えているとは思うけれども、「英語が使えるレベルまでいっている日本人を、ある程度の数つくる」っていうことは、国際的に孤立しないためにも、とっても重要なことじゃないかと思うんですね。

「英語が使えるレベルまでいっている日本人を、
ある程度の数つくる」っていうことは、
国際的に孤立しないために、
とっても重要なことじゃないかと思うんですね。

PEOPLE OF JAPAN, BE THE BRIDGE
ACROSS THE WORLD!

それこそイスラム圏の人たち、イランやイラク、あるいはドバイ、そんなところの人たちの英語のほうが、日本人よりうまいと思いますよ。文化的には隔絶している国であっても、英語が通じるぐらいですので、日本人で英語がまだまだ十分使えない部分については、教育革命の余地があると思う。

もちろん、なかで、もっと効率的な英語教育をすることも大事だけども、できるだけ海外へ出してやることが大事だし、海外の人が日本に来て、仕事をしたり生活したりできるチャンス、扉も開かなきゃいけない。

（日本は）言語がネックになって、結局、門戸《もんこ》を開放できないでいる。鎖国に近い状態が続いている面はあるし、移民への恐怖も、言語の部分がかなりあるだろうと思うんですね。（移民が）いっぱい入ってきて、外国語をしゃべられて、警察官がそれを取り締まれないとかですね（笑）。そういうことは嫌でしょう？裁判するのも面倒くさいし、嫌でしょう？　それから、アパートを借りても、大《おお》家《や》さんが嫌がるでしょう？
そういうことがありますので、一つには、もう一段、公用語として、そのレベルを上げるっていうことが大事なんじゃないかと思います。

中東と日本、中国と日本を結ぶために必要な「架け橋」とは？

綾織　先ほど、「そういうグローバル化においては、ミッションが大事だ」というお話がありましたが、中東問題で、日本人が何らかのミッションを持って、仕事をしていくことになったとき、何が欠けているのでしょうか、あるいは、何が必要なのでしょうか。

新渡戸稲造　日本人は、ほとんど、油以外に関心がないんですよ。油を取ったら、あと何が残るかっていうことですが、何も残らないんです。中東に行く必要は特にないんです。

砂漠や怖い宗教があって、なんか、「下手《へた》すると殺されるかもしれない」とか、「酒を飲んだら殺されるかもしれない」とか、「女性と親しくなったのに結婚しなかったら、親兄弟が殺しに来る」とか、あまりに恐ろしい。「アリババと四十人の盗賊」みたいな世界で、怖いですよね。住むのは怖いけど、油が必要だから、しかたなく行っているようなところがあります。

このへん、もう一段のイノベーションは必要ですね。なんか、中東と日本との架け橋が要《い》るかな。オイルを超えた架け橋が一つ要るんじゃないかと思います。

何が架け橋になりましょうかねえ。

一つは、でも、「思想的な理解」の部分もあるかもしれません。今、あなたがたの宗教で、イスラム教も一部、解放しようとしています。これが、どういうふうに出るか、私には分かりませんが、悪く出れば、「キリスト教圏からも、イスラム教圏からも信じられない」みたいな感じになって、つまはじきになる可能性もあります。

あるいは、逆に、「中国どころか、日本のほうがもっとすごいぞ。もう、英語圏もイスラム圏も全部、支配する気でいるらしい」というふうに、支配欲や野心に取られるか。まあ、それもあるとは思うんですけども。

ただ、彼らが(日本に)留学したり、仕事で日本に来られたりするような素地《そじ》をつくる環境整備は、政治的なミッションとしてはあってもいいんじゃないでしょうかね。

やっぱり、イスラム教徒を見たらすぐ「テロリスト」って考えるのは、あまりにも不幸なものの考え方じゃないでしょうか。テロがあったアメリカでも、イスラム教徒は日本よりも多いですからね。

だから、幸福の科学がその架け橋になれば、ありがたいですね。

また、（幸福の科学は）中国の古代の思想や宗教、哲学も、そうとう受け入れていると思います。これらは、中国自体が否定してきたもので、最近やっと復活させようとしているところであり、日本のほうが長く守ってきたものなのです。ですから、「このへんも、本来の中国に立ち戻ってもらう」ということですね。

本来の中国のなかには、仏教や道教、儒教《じゅきょう》など、いろんなものが入っていますので、その思想からいったら、あなたがたが言っていることは、中国人は分かるはずなんですよ。毛沢東《もうたくとう》以降、ちょっと、歴史が分断されているところがあるので、（共産党による）国づくりのために排斥《はいせき》してきた流れを、一つ、改善しなきゃいけないんじゃないかと思います。

そういう意味で、教育によって、ある程度、知識を得た人をつくることが大事です。知識には、理解する幅を広くするところもあるのです。さらに、道徳的にも高い人をつくることで、尊敬されるような人を生み出していくことが大事なんじゃないかと思います。
まあ、あなたがた自身でできるところから、まずは始めていくべきでしょうね。

綾織　はい。ありがとうございます。

5　あの世での役割と転生《てんしょう》について

小説家の景山民夫《かげやまたみお》氏と会うことはある

綾織　最後に、新渡戸先生の今の状況やお仕事についてお伺《うかが》いしたいと思います。景山民夫《かげやまたみお》さんという当会でも非常に活躍された方が、霊言のなかで、「内村鑑《うちむらかん》三《ぞう》さんや新島襄《にいじまじょう》さん、新渡戸先生とは、波長的に近い」という話をされています

（『小説家・景山民夫が見たアナザーワールド』〔幸福の科学出版刊〕参照）。

新渡戸稲造　ほお！　景山さんと波長が近い？

『小説家・景山民夫が見たアナザーワールド』（幸福の科学出版刊）

綾織　はい。

新渡戸稲造　ほう、ほう。

綾織　このあたりのみなさんは一緒にいらっしゃる感じなのでしょうか。

新渡戸稲造　うーん、どうかなあ。

綾織　違うんですか。

新島襄（1843～1890）
同志社大学の創立者。

内村鑑三（1861～1930）
キリスト者。主著に『後世への最大遺物』等がある。

新渡戸稲造　波長が近いかなあ。会うことはありますが。

綾織　はい。

新渡戸稲造　若干《じゃっかん》、違うような気もしないでもないんですが、それって失礼に当たるのかな？

綾織　いや……（笑）。たまに、お話しされる感じですか。

新渡戸稲造　私は、分類しにくいタイプの人間だからねえ。宗教家とも分類できないし、何と分類していいか分からないけど。「ちょっと早すぎた国際人としての日本人」みたいなもんだからねえ。

今の時代なら、話が合う人はもっと多かったんじゃないかと思うけど、当時としては、パイオニア的な存在であったのでね。

日本の外交問題は、三人の〝新渡戸〟が出れば解決する

新渡戸稲造　まあ、今の安倍政権下、中国が仮想敵国化してきて、新しい争いの火種《ひだね》が生まれてきつつあるけども、幸福の科学学園、幸福の科学大学から、〝新渡戸〟を三人ぐらい出したら、だいたい解決するよ。三人くらいの〝新渡戸〟を生み出したら、解決するからさ。

綾織　それは、「ご自身が現代に生まれ変わり、登場する」ということもあるのでしょうか。

新渡戸稲造　いや、そういうわけじゃないけど（笑）。まあ、私みたいな志《こころざし》を持っている人間を三人ぐらい生み出したら、何とか解決すると思うよ。アメリカ説得、中東説得、それから中国圏説得、だいたい三種類ぐらいいれば、いけるんじゃないですか。私ぐらいの人材を国際本部で持てたら。

今の若い学生というか、幸福の科学学園や幸福の科学大学の卒業生から、新渡戸のような人間を出して、欧米を一つにして、中東を一つにして、それから、中国あたりを一つにして、まあ、その他もあるかもしれないけど、そういう人を三人から五人ぐらい手に入れたら、何とか、日本は粘着して、ほかの国と分断されずに生き延《の》びることはできるんじゃないかね。

だから、仕事的には、今は、外交関係、外国間関係のほうに、いちばん関心を持っていると言うべきかもしれません。

綾織　かなり指導をされている状態ですか。

新渡戸稲造　そうねえ。だから、気にしてやっています。「日米関係」と「日朝、日韓、日中関係」等を、今、非常に注視《ちゅうし》しているところです。

綾織　それは、安倍首相や外務省の人を指導されているということでしょうか。

新渡戸稲造　うーん……。というか、今は全体的に見ているところなので。

明治維新以降、中国文化圏の遺産がだんだん廃《すた》れてきつつあって、今もう、中国文学を学ぶ人がだいぶ少なくなってきている。貿易で中国とつながるために中国語をやっている人はいるけれども、貿易のほうも、工場を出すのもだんだん下火になっていくと、中国語熱も下がってくるでしょう。けれども、この十数億の国は、巨大は巨大ですからね。これを、まったくの敵対国として何十年も放置するっていうのは、あんまり望ましいことではありません。
だから、拮抗《きっこう》し合うことも大事だけども、どっかで〝トンネル〟を掘らなきゃいけない面もあるだろうと思うんですよ。だから、〝新しい新渡戸〟が欲しいなと思いますね。

過去世《かこぜ》を語りたがらない新渡戸稲造

綾織　そうすると、やはり、「過去世《かこぜ》でも、そうしたグローバルな経験をされた」というように理解してよろしいのでしょうか。

新渡戸稲造　昔は交通の便《べん》が悪いから、同じようにはいかないですけどね。うーん……。

まあ、そんな大した人間じゃないですよ。そう大した人間じゃないです。

綾織　先ほど、「預言者的《よげんしゃ》な性格もある」という言葉もありました。

新渡戸稲造　そういうところはあるかもしれませんけども、まあ、クエーカーなんていう一宗派に帰属して満足しているような人間が、そんなに偉い人間のはずがありませんから、大したことはありませんよ。君たちのほうが、魂的《たましい》には進んでいる可能性が高いんじゃないんですか。

綾織　いえいえ。とんでもございません。

新渡戸稲造　歴史上、よくいるぐらいの人物だと思いますよ。うん。どこにでもいるような人物ですよ。

綾織　お話をお伺いしていると、やはり、大変感化を受けます。

新渡戸稲造　そうかなあ。

綾織　何か、お名前が遺《のこ》っていらっしゃるのではないかという感じがいたします。

新渡戸稲造　そういうふうに感じるかあ。

綾織　はい。

新渡戸稲造　まあ、現代に生まれ変わってくるとしたら、「綾織」なんていう名前で生まれ変わってきたい気持ちも、ちょっとあるがねえ。

綾織　それは、どうも違うみたいです（笑）。

新渡戸稲造　英語がしゃべれないから、無理か。もうちょっとうまくなったら、そういう話にしてもいいかもね。

日本の危機に備え、すでに生まれ変わっている？

新渡戸稲造　でも、幸福の科学には関心を持っているから、いずれ、関係のある人（魂の兄弟）が出てくる可能性はあるかもしれないと思います。

綾織　その方は、若い世代にいらっしゃる……？

新渡戸稲造　いやあ、分からない。それはそうかもしれない。まあ、若い世代のほうが、可能性は高いね。

思い残しがあるとしたら、やっぱり、一九三三年に亡くなって、大戦を止められなかったことだから、今、二〇〇〇年代になって、また、「外交上、日本の危機が来るかもしれない」という時期に、何らかの活躍の舞台を求めて（地上に）出てくる可能性はあるかもしれないね。うん。かもしれない。

綾織　では、そのときを待つということでしょうか。

新渡戸稲造　まあ、過去（世《ぜ》）は、いろんな国で、ある程度の教育家であったり、警世家《けいせいか》であったということで、いくらでも出てくるんじゃないですか。掘ればすぐ出てくるサツマイモみたいなもんだ。ハハハハハ。

綾織　はい。

新渡戸稲造　五千円札（の肖像）にしてくれただけでも、ありがたいと思ってるよ。うんうん。

綾織　未来の登場を待ちまして、それまでは、私《わたくし》どもで努力させていただきます。

新渡戸稲造　いろんな人が出てきているようだから、私も出てきてもおかしくはないかもしれない。時代的にはね。

あるいは、どこかに、すでに〝いるかも〟しれないね。

綾織　ああ、そうですか。

新渡戸稲造　あるいは、新しい方で、「太平洋の橋とならん」という志を持っている人がいたら、その人がそうかもしれない。ということは言っておきたいと思います。

綾織　仕事をしっかりと、バトンタッチできるようにしたいと思います。

新渡戸稲造　はい。まあ、過去世は言うほどのものではないので。ええ。

そうですか。景山さんが「友達だ」って言うなら、昔、小説があったんですか？

あったのかどうか知りませんが、まあ、そういう語り部《べ》だったんでしょうかね。口の軽い方で、誰かしゃべる人もいるかもしれませんが、初回でしゃべるほどバカでもないので、遠慮させていただきたいと思います。

綾織　本日は、さまざまなアドバイスを頂き、本当にありがとうございました。

大川隆法　（手を一回叩く）はい。（新渡戸稲造に）どうもありがとうございました。

6　新渡戸稲造の霊言を終えて

大川隆法　（手を一回叩く）誰かに似ていましたか。どうですか。

綾織　あっ、そうでしたか。

大川隆法　この感じは、どうですか。こういう感じは誰かに似ていますか。

綾織　スパッとは思いつかないのですが。

大川隆法　スパッとは思いつかない？　うーん。

あるいは、すでに霊言しているような人物のなかに、こういう感じの人は、ほかにいたでしょうか。

綾織　（約五秒間の沈黙）ありましたでしょうか……。

大川隆法　うーん、分からないですね。
九鬼さんは、（すでに過去世《かこぜ》が明かされて）チャンスがなくなっているから、駄目《だめ》ですね（『早稲田《わせだ》大学創立者・大隈重信《おおくましげのぶ》「大学教育の意義」を語る』〔幸福の科学出版刊〕参照）。惜しかったです。もう少し早ければ、あるいは、可能性があったかもしれません（笑）。
新渡戸さんはそこそこの人ですから、もし、地上に生まれ変わっていたとしても、ある程度、実績が出なければ、「新渡戸的な人」とは言えないでしょうね。

ただ、「幸福の科学学園や大学のこれからの使命としては、『太平洋の橋とならん』というようなタイプの人を出さなければいけない。〝新渡戸〟を三人から五人ぐらい出さなければいけない」ということです。

九鬼　とても分かりやすいお話で、非常に勇気が出ました。ありがとうございます。

大川隆法　よい教育者なのでしょう。やはり感化力のある教育者なのだろうと思います。できれば、うちもそうなりたいものですね。

九鬼　本当にそう思います。

大川隆法　まあ、頑張りましょう。

九鬼　ありがとうございました。

大川隆法　ありがとうございました。

あとがき

私も国際的に通用する人材を育てたいと強く願っているという点では、新渡戸稲造同様、教育者の面が出てきているのだと思う。

若者に夢と使命感を与えることが大事だ。さすれば、世界の架け橋となる人材が出てくるであろう。

気概のある、凛《りん》とした日本人を取り戻すためにも、武士道精神と国際教養の両立が大事である。

本書が新時代の自己啓発の書として、多くの人々に読まれることを、心から望んでいる。

二〇一四年　十月二十六日

幸福《こうふく》の科学《かがく》グループ創始者兼総裁《そうししゃけんそうさい》

幸福《こうふく》の科学大学創立者《かがくだいがくそうりつしゃ》　大川隆法《おおかわりゅうほう》

『日本人よ、世界の架け橋となれ！』大川隆法著作関連書籍

『プロフェッショナルとしての国際ビジネスマンの条件』（幸福の科学出版刊）
『国際政治を見る眼』（同右）
『小説家・景山民夫が見たアナザーワールド』（同右）
『早稲田大学創立者・大隈重信「大学教育の意義」を語る』（同右）
『公開霊言　内村鑑三に現代の非戦論を問う』（同右）

日本人《にほんじん》よ、世界《せかい》の架《か》け橋《はし》となれ！

――新渡戸稲造《にとべいなぞう》の霊言《れいげん》――

2014年10月30日　初版第1刷

著　者　　大《おお》　川《かわ》　隆《りゅう》　法《ほう》

発行所　　幸福の科学出版株式会社

〒107-0052 東京都港区赤坂2丁目10番14号
TEL(03)5573-7700
http://www.irhpress.co.jp/

印刷・製本　株式会社 東京研文社

落丁・乱丁本はおとりかえいたします

ISBN978-4-86395-587-5 C0030

写真：毎日新聞社／アフロ、Alamy/アフロ、Imaginechina/時事通信フォト、
時事通信フォト、時事、©Anton Balazh-Fotolia.com

大川隆法ベストセラーズ・グローバル人材への道

プロフェッショナルとしての国際ビジネスマンの条件

実用英語だけでは、国際社会で通用しない！　語学力と教養を兼ね備えた真の国際人を目指し、日本人が世界で活躍するための心構えを語る。

1,500円

国際政治を見る眼

世界秩序《ワールド・オーダー》の新基準とは何か

日韓問題、香港民主化運動、イスラム国問題──世界はどう動くのか？　日本は何をなすべきなのか？　地球的正義の観点から「未来への指針」を指し示す！

1,500円

The Essence of 黒帯英語への道(上)(下)

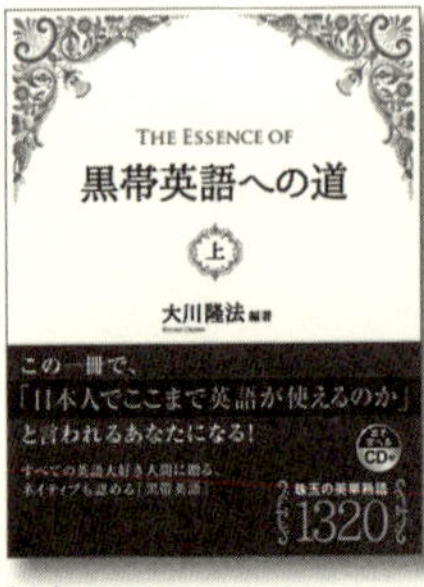

幸福の科学の会内で頒布されている英語教材の『黒帯英語への道』全10巻からエッセンスを抜き出した厳選英単熟語集（上巻、CD付き）とフレーズ集（下巻）。

(上)1,500円／(下)1,400円

※表示価格は本体価格（税別）です。

大川隆法ベストセラーズ・グローバル人材への道

国際伝道を志す者たちへの外国語学習のヒント

言語だけでなく、その国の文化・歴史・文学に精通し、各人の人生全般の問題に答えられること――これから目指すべき国際人材の指標が示される。

1,500円

外国語学習限界突破法

学習のモチベーションを維持するには? 日本にいながら海外留学と同じ効果を得る方法とは? 外国語学習の壁を破る考え方・学び方を伝授する!

1,500円

パウロの信仰論・伝道論・幸福論

キリスト教徒を迫害していた者が、なぜ伝道の立役者となりえたのか。ダマスコの回心の真実、贖罪説の真意、信仰のあるべき姿を語る。

1,500円

大川隆法ベストセラーズ・女性の幸福を考える

女性らしさの成功社会学

女性らしさを「武器」にすることは可能か

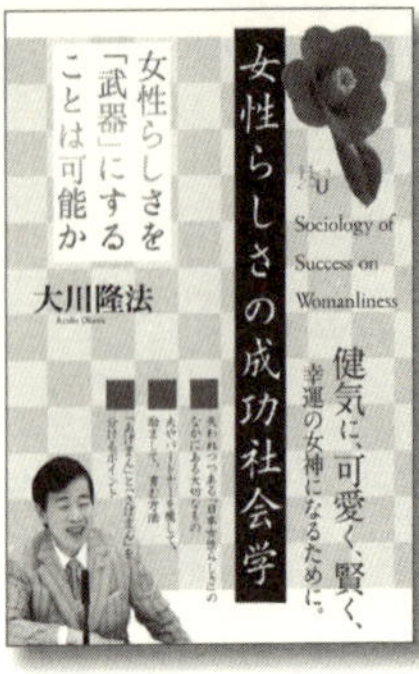

学校では教えてくれない、「あげまん」「さげまん」の法則。女性らしさを生かした“賢さ”とは？　この一冊が、あなたを幸運の女神に変える！

1,500円

豊受大神《とようけのおおかみ》の女性の幸福論

日本女性の心の美しさ、そして、豊かに幸せに生きるための秘訣とは何か？　天照大神、そして伊勢神宮を長きにわたり外護してこられた日本の女神からのメッセージ。

1,500円

卑弥呼の幸福論

信仰・政治・女性の幸福

仕事、結婚、家庭、自己実現……多様化する現代を生きる女性のほんとうの幸せを求めて。古代日本を治めていた女王が語る、幸福への道とは？

1,500円

※表示価格は本体価格（税別）です。

大川隆法ベストセラーズ・人生に勝つために

現代の帝王学序説

人の上に立つ者はかくあるべし

リーダーは優秀でなくてはならないが、優秀なだけではリーダーになれない。競争の激しい現代に、成功し続けるための帝王学がここに。

1,500円

希望の経済学入門

生きていくための戦いに勝つ

不況期でも生き残る会社、選ばれる人はいる！　厳しい時代だからこそ知っておきたい、リストラや倒産の危機から脱出するための秘訣。

1,500円

大学生からの超高速回転学習法

人生にイノベーションを起こす新戦略

語学、教養、専門知識などを効果的に学ぶにはどうすればいいのか？　将来に差をつける戦略的な「兵法」を学ぶ。

1,500円

Noblesse《ノーブレス》 Oblige《オブリージ》

「高貴なる義務」を果たす、
「真のエリート」を目指せ。

幸福の科学学園

中学校・高等学校（那須本校）

Happy Science Academy Junior and Senior High School

私は、
教育が人間を創ると
信じている一人である。
若い人たちに、
夢とロマンと、精進、
勇気の大切さを伝えたい。
この国を、全世界を、
ユートピアに変えていく力を
出してもらいたいのだ。

（幸福の科学学園 創立記念碑より）

幸福の科学学園 創立者

大川隆法

幸福の科学学園（那須本校）は、幸福の科学の教育理念のもとにつくられた、男女共学、全寮制の中学校・高等学校です。自由闊達な校風のもと、「高度な知性」と「徳育」を融合させ、社会に貢献するリーダーの養成を目指しており、2014年4月には開校四周年を迎えました。

Noblesse《ノーブレス》 Oblige《オブリージ》

「高貴なる義務」を果たす、
「真のエリート」を目指せ。

2013年 春 開校

幸福の科学学園
関西中学校・高等学校

Happy Science Academy
Kansai Junior and Senior High School

私は日本に
真のエリート校を創り、
世界の模範としたい
という気概に満ちている。
『幸福の科学学園』は、
私の『希望』であり、
『宝』でもある。
世界を変えていく、
多才かつ多彩な人材が、
今後、数限りなく
輩出されていくことだろう。
（幸福の科学学園関西校 創立記念碑より）

幸福の科学学園 創立者
大川隆法

滋賀県大津市、美しい琵琶湖の西岸に建つ幸福の科学学園（関西校）は、男女共学、通学も入寮も可能な中学校・高等学校です。発展・繁栄を校風とし、宗教教育や企業家教育を通して、学力と企業家精神、徳力を備えた、未来の世界に責任を持つ「世界のリーダー」を輩出することを目指しています。

幸福の科学学園・教育の特色

「徳ある英才」の創造

教科「宗教」で真理を学び、行事や部活動、寮を含めた学校生活全体で実修して、ノーブレス・オブリージ（高貴なる義務）を果たす「徳ある英才」を育てていきます。

体育祭

天分を伸ばす「創造性教育」

教科「探究創造」で、偉人学習に力を入れると共に、日本文化や国際コミュニケーションなどの教養教育を施すことで、各自が自分の使命・理想像を発見できるよう導きます。さらに高大連携教育で、知識のみならず、知識の応用能力も磨き、企業家精神も養成します。芸術面にも力を入れます。

探究創造科発表会

一人ひとりの進度に合わせた「きめ細やかな進学指導」

熱意溢れる上質の授業をベースに、一人ひとりの強みと弱みを分析して対策を立てます。強みを伸ばす「特別講習」や、弱点を分かるところまでさかのぼって克服する「補講」や「個別指導」で、第一志望に合格する進学指導を実現します。

授業の様子

自立心と友情を育てる「寮制」

寮は、真なる自立を促し、信じ合える仲間をつくる場です。親元を離れ、団体生活を送ることで、縦・横の関係を学び、力強い自立心と友情、社会性を養います。

毎朝夕のお祈りの時間

幸福の科学学園の進学指導

1 英数先行型授業

受験に大切な英語と数学を特に重視。「わかる」(解法理解)まで教え、「できる」(解法応用)、「点がとれる」(スピード訓練)まで繰り返し演習しながら、高校三年間の内容を高校二年までにマスター。高校二年からの文理別科目も余裕で仕上げられる効率的学習設計です。

2 習熟度別授業

英語・数学は、中学一年から習熟度別クラス編成による授業を実施。生徒のレベルに応じてきめ細やかに指導します。各教科ごとに作成された学習計画と、合格までのロードマップに基づいて、大学受験に向けた学力強化を図ります。

3 基礎力強化の補講と個別指導

基礎レベルの強化が必要な生徒には、放課後や夕食後の時間に、英数中心の補講を実施。特に数学においては、授業の中で行われる確認テストで合格に満たない場合は、できるまで徹底した補講を行います。さらに、カフェテリアなどでの質疑対応の形で個別指導も行います。

4 特別講習

夏期・冬期の休業中には、中学一年から高校二年まで、特別講習を実施。中学生は国・数・英の三教科を中心に、高校一年からは五教科でそれぞれ実力別に分けた講座を開講し、実力養成を図ります。高校二年からは、春期講習会も実施し、大学受験に向けて、より強化します。

5 幸福の科学大学(仮称・設置認可申請中)への進学

二〇一五年四月開学予定の幸福の科学大学への進学を目指す生徒を対象に、推薦制度を設ける予定です。留学用英語や専門基礎の先取りなど、社会で役立つ学問の基礎を指導します。

授業の様子

仏法真理塾

サクセスNo.1

未来の菩薩を育て、仏国土ユートピアを目指す！

サクセスNo.1 東京本校（戸越精舎内）

仏法真理塾「サクセスNo.1」とは

宗教法人幸福の科学による信仰教育の機関です。信仰教育・徳育にウエイトを置きつつ、将来、社会人として活躍するための学力養成にも力を注いでいます。

「サクセスNo.1」のねらいには、「仏法真理と子どもの教育面での成長とを一体化させる」ということが根本にあるのです。

大川隆法総裁　御法話『サクセスNo.1』の精神」より

エンゼルプランV

信仰教育をベースに、知育や創造活動も行っています。

信仰に基づいて、幼児の心を豊かに育む情操教育を行っています。また、知育や創造活動を通して、ひとりひとりの子どもの個性を大切に伸ばします。お母さんたちの心の交流の場ともなっています。

TEL 03-5750-0757　FAX 03-5750-0767
メール angel-plan-v@kofuku-no-kagaku.or.jp

ネバー・マインド

不登校の子どもたちを支援するスクール。

「ネバー・マインド」とは、幸福の科学グループの不登校児支援スクールです。「信仰教育」と「学業支援」「体力増強」を柱に、合宿をはじめとするさまざまなプログラムで、再登校へのチャレンジと、進路先の受験対策指導、生活リズムの改善、心の通う仲間づくりを応援します。

TEL 03-5750-1741　FAX 03-5750-0734
メール nevermind@happy-science.org

ユー・アー・エンゼル!（あなたは天使!）運動

障害児の不安や悩みに取り組み、ご両親を励まし、勇気づける、障害児支援のボランティア運動です。学生や経験豊富なボランティアを中心に、全国各地で、障害児向けの信仰教育を行っています。保護者向けには、交流会や、医療者・特別支援教育者による勉強会、メール相談を行っています。

TEL 03-5750-1741　FAX 03-5750-0734
メール you-are-angel@happy-science.org

シニア・プラン21

生涯反省で人生を再生・新生し、希望に満ちた生涯現役人生を生きる仏法真理道場です。週1回、開催される研修には、年齢を問わず、多くの方が参加しています。現在、全国8カ所（東京、名古屋、大阪、福岡、新潟、仙台、札幌、千葉）で開校中です。

東京校 TEL 03-6384-0778　FAX 03-6384-0779
メール senior-plan@kofuku-no-kagaku.or.jp

入会のご案内

あなたも、幸福の科学に集い、ほんとうの幸福を見つけてみませんか？

幸福の科学では、大川隆法総裁が説く仏法真理をもとに、
「どうすれば幸福になれるのか、また、
他の人を幸福にできるのか」を学び、実践しています。

入会

大川隆法総裁の教えを信じ、学ぼうとする方なら、どなたでも入会できます。入会された方には、『入会版「正心法語」』が授与されます。（入会の奉納は1,000円目安です）

ネットでも**入会**
できます。詳しくは、
下記URLへ。
happy-science.jp/joinus

三帰《さんき》誓願《せいがん》

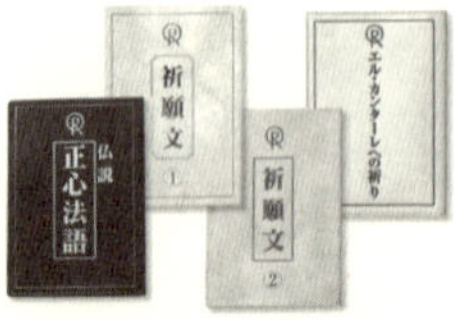

仏弟子としてさらに信仰を深めたい方は、仏・法・僧の三宝への帰依を誓う「三帰誓願式」を受けることができます。三帰誓願者には、『仏説・正心法語』『祈願文①』『祈願文②』『エル・カンターレへの祈り』が授与されます。

植福《しょくふく》の会

植福は、ユートピア建設のために、自分の富を差し出す尊い布施の行為です。布施の機会として、毎月1口1,000円からお申込みいただける、「植福の会」がございます。

「植福の会」に参加された方のうちご希望の方には、幸福の科学の小冊子（毎月1回）をお送りいたします。
詳しくは、下記の電話番号までお問い合わせください。

月刊「幸福の科学」

ザ・伝道

ヤング・ブッダ

ヘルメス・エンゼルズ

INFORMATION
幸福の科学サービスセンター
TEL. 03-5793-1727（受付時間 火〜金：10〜20時／土・日：10〜18時）
宗教法人 幸福の科学 公式サイト **happy-science.jp**